FLUJOS DE VOZ
QUE NO CESAN

Manuel Aguilera Serrano

FLUJOS DE VOZ QUE NO CESAN
Primera Edición 2025

© Manuel Aguilera Serrano 2025

© Ediciones Rilke.
http://www.edicionesrilke.com
editorial@edicionesrilke.com
C/Dr. Fleming Nº 50, 4ºD
28036 Madrid
Teléfono: 34 91 345 38 17

ISBN-13:978-84-18566-49-3

Depósito Legal: M-27180-2024

FLUJOS DE VOZ QUE NO CESAN

MANUEL AGUILERA SERRANO

Al lector,
que quizás se sienta hermanado
conmigo en el sentimiento.

Y así supo por primera vez que el hombre va dejando fragmentos dispersos de su existencia a lo largo de caminos inesperados.

(No digas que fue un sueño, Terenci Moix)

Flujos de voz, como de herida abierta,

a ritmo fijo, a ritmo irregular,

por ventanas a días que sollozan.

                  Silban las balas,

                    rugen los tanques.

A días mustios de corceles

desbocados, sin brida

que ayude al equilibrio.

        Flujos de voz, como íntimos acordes,

por ventanas a días sostenidos

en la planicie del sosiego,

donde se aviva la memoria,

se depuran las emociones,

se alimentan los sueños.

        Tenues flujos de voz por las rendijas

en ventanas de un tiempo ya pasado,

ciegas al palpitar del nuevo día...

PESPUNTES DE HORAS

... Hilos de voz pespunteando horas.
Puntadas que fijan vivencias
del yo unitario que se va creando
en los frágiles brazos
de un tiempo galopante...

LLUVIA AMARILLA

¡Ah desgraciadamente, hombres humanos,
hay, hermanos, muchísimo que hacer.
(*Los nueve monstruos*, Cesar Vallejo)

No es perezoso el viento para arrastrar papeles

y hojas amarillentas de árboles.

Se adelanta a las manos sucias

de la lluvia que van dejando huellas,

opacidad en los cristales

de ventanas que encuentran a su paso.

       Llueve, llueve sin tregua.

Se precisa su asiento,

su decisión benéfica,

pero es lluvia amarilla

con sus depósitos de zonas yermas

que causa desaliento.

       Me pregunto qué puedo hacer,

e instintiva y absurdamente

frotan mis dedos los cristales.

Nada
por mí mismo,
mis deseos
al vacío.
Borrosa mi visión.

Salen los niños de la escuela.
¡Oh simiente, alborozo, transparencia!

AMANECE

Amanece. Descalzo he salido a pisar los caminos,
a sentir en la carne desnuda la escarcha.
(*Alucinación*, José Hierro)

Mucho tiempo sin que los gallos

quiebren albores,

sin que el tenue latir del día

crezca en sus altivas gargantas.

      El sustituto, con su porte sádico,

acaba de romper silencios.

Y me voy despegando de las sábanas

con lenta ceremonia de reptil

que pronto mudará su piel.

Afortunado soy,

se me abre una vez más

una página en blanco tras las otras

de un tiempo ya vivido

(un corazón gigante,

a pecho descubierto,

en ruta tras la vida).

Calles que se desperezan en su interminable longitud,
impensadas esquinas
que inducen a cambiar de dirección,
cuestas que apuntan al agotamiento.

      Pero siempre el motivo de seguir adelante.

No preocupa que chirríe el tiempo,
su engranaje, con esas horas
de minutos muy ásperos,
si con diligencia se aplican
algunas gotitas de humor
para que no se acorche el sentimiento,
no se
des-
la-
va-
cen
las miradas,
antes de que la noche asome por la lejanía acosando
                          [claridades
y clausure la página.

Y ME ABRE EL POEMA LOS OJOS

A galope me llevas,

mi caballo alazán,

por páramos sin término.

      Me sumerges, mi pez escurridizo,

en silenciosos mares henchidos de misterio.

      Me elevas, mi pájaro libre

de jaulas, a insondables extensiones.

Sin esperarte,

te aproximas a veces sigiloso

como chispa que prende el interior

y flamea en sonrisa,

o como tersa mano que se ofrece

a una mano rugosa,

o como púdica flor que en el balcón se ruboriza

ante el naciente sol que galantea…

Y se me abren los ojos.

INVASIÓN

Exiguo es el terreno
para tanto artefacto que vomita
muerte sobre fachadas,
sobre techos y calles,
sobre personas al azar.

Se desafinan los violines,
no soportan el llanto, ni las teclas
de los pianos bofándose
como húmedas filas de lozas,
ni la voz de sopranos y tenores
trémula en sus gargantas.
        Luto por violación
de la vida,
luto por violación
del espíritu.

Se inunda Ucrania de tristeza.
Autobuses, caminos, trenes,
con niños,
aún en las mejillas tan recientes los besos,
sus estrellas caídas, pateadas.

Con mujeres,

recogidas en su silencio,

y el adiós del esposo

en sus oídos para siempre.

Con viejos,

curtidos en tantas desdichas.

¡Horas de llanto y miedo!

Y allá, en su Olimpo, Putin

y sus más fieles camaradas

entregados al juego

del Monopoly y al de hundir los barcos.

TE COBIJA LA LUZ

Te cobija la luz de la ferviente tarde.

El viento a las espaldas, en la popa,

que agiliza tu paso.

Nada que ver con el de proa,

que frena tus planes, y sufres,

proyectando una imagen de impreciso dibujo,

como el de un bebé que frotase

el lápiz con flácida mano

sobre blanca pared.

Impreciso,

como el de los altibajos de la desorientada hormiga

buscando el hormiguero.

Pero hoy

te cobija la luz de la ferviente tarde

en un septiembre que relaja el ceño.

Iza la vela mayor pronto,

y que naveguen libres tus instantes

sobrepasando océanos.

ENTRE CARPETAS

Entre carpetas y al capricho
del azar, olvidé aquellos poemas
que escribí cuando joven
y que allí pervivieron
en la frialdad de un largo invierno.
        Una noche,
sumido en la lectura de *Final*,
de don Jorge Guillén,
me aguardaba el poema
Le temps retrouvé:
«Cuando releo ahora
Frases que releí cuando era joven,
Me conmuevo. […]
Y hasta los ojos, sí, se me humedecen».

Chispa que cruzó mi interior,
nítida luz que me condujo
hasta los versos olvidados.
        El muelle oprimido del tiempo
saltó con ligereza,
y un tiempo liberado, entonces joven,
indagaba acomodo.

Fluía mi emoción continuamente
siguiendo el cauce de los versos:
«Comprendí que era
nada, nada,
cuando me contemplé en la noche
toda de estrellas,
cuando la luna se entrega
en los brazos de los árboles
y el silencio alcanza el cenit…».

UN ALTER EGO

Aquellas horas que tan torpemente
desprecié echándolas a la basura,
abortos en los bordes del recuerdo,
toman vida en mis sueños.

      Y merodea por allí a menudo
un alter ego, despreocupado,
seguro como quien conoce
el entorno de siempre,
el yo que podía haber sido.

            «Ven, acércate,
dame tu mano, amigo.
Nos une, a fin de cuentas, el mismo ADN».
Largos paseos por las interminables avenidas del sueño
en diálogo continuo buscando algo de luz
sobre asuntos nunca resueltos.

Y entrante la mañana
se difumina tras un abrir de ojos
—¿suyo, mío?—
dividido, confuso.

Y QUÉ PUEDO DECIR

Y qué puedo decir del día,
de este, que finge presentarse
bajo las alas de algún ángel,
que temprano me impone
la cartuchera de las horas
como para hipotético combate.
Oprime sin reparo la rutinaria cincha
del tiempo, y dócil asno
continuas vueltas doy sobre mí mismo.

Mudos libros en anaqueles
se elevan a mis lados
absortos en su vasta erudición.
Y mi voz interior muy pronto
me reprocha con energía:
«¿Por qué vistes los días con tu traje
más triste y rechazas la luz
que, por poca que sea, siempre traen?».

TIRABA DE LA TARDE EN SUEÑOS

Tiraba de la tarde en sueños
como un niño de su cometa.
De luz las lomas, las montañas,
los cortijos dispersos entre olivos.

      Tiraba de la tarde en sueños
y se me escapó
tras los álamos, somnolientos,
que cabecean sobre el río.

Inconsolable estatua, los dos ojos
estiletes punzando el cielo,
imploraba a la noche,
y asomó una tímida luna
para que siguiera buscando.

EL DÍA HA PERDIDO SU SITIO

Se desestabiliza el calendario.
El día ha perdido su sitio,
una DANA lame sus horas.
En blanco,
ni tan solo un minuto
que por un tiempo lo mantenga.

      Ávida e infinita lengua
sin escrúpulo, que alza y lame
lo que encuentra a su paso,
allana inmuebles, se presencia
en los más ocultos rincones,
caprichosa fuerza avanzando.
Y un grito incontrolable,
como también ineficaz,
se ahoga en mi interior:
—¡Detente, detente, insaciable,
demoníaco músculo
que haces gemir a la naturaleza!

Todo fuera de sitio. Todo
bajo frialdad apocalíptica.
Los corazones, angustiados,
en donde fueron sorprendidos.

TRAS LOS VISILLOS

Entreabren mis dedos los visillos.

Es de noche y está lloviendo.
La lluvia masajea el sufrido lomo del asfalto
y el monótono son va adormeciendo
las calles, de día erizadas
por excitantes ruidos.

      Un hombre se aproxima por la acera:
impermeable oscuro,
pantalones vaqueros.

          Ignora
que lo estoy señalando
con la aureola del misterio,
que no puedo evitar el preguntarme
de dónde viene, a dónde va,
que lo estoy traspasando más allá
de su realidad concreta,
que se consolida en mi mente
como ejemplo de la existencia.

Alcanza mi vista a lo lejos
su ensombrecida imagen.
Nada motiva, la luz solo
de las farolas resaltando
láminas incesantes de agua.

Dejan caer mis dedos los visillos.

EL VIOLINISTA CALLEJERO

No desdeña ningún espacio
el violinista callejero.
Hoy, sentado en su taburete,
realza una modesta esquina,
como también en otras ocasiones
alguna silenciosa plaza
o calle concurrida.

    Apoya firmemente
el violín sobre el hombro
y con dulzura inclina su cabeza:
fusión del violinista y su instrumento
en compacta emoción,
ninguno existe por sí mismo.
Frote frenético del arco
sobre las cuerdas, cálidos sonidos
de imperceptibles alas en la noche.

    Un sinuoso vuelo de notas
que alcanza a mis fibras más íntimas,
que deja un poso de quietud
y mudas sensaciones que no sé descifrar.

Notas que en su largo trayecto

se van debilitando

y exploran su lugar

en la rugosa y amplia partitura del campo.

No vibrarán al efusivo aplauso

de un repleto auditorio,

sí a las joviales gotas de rocío

que se ofrecen a la mañana.

ME HE CRUZADO CON OJOS

Marruecos, 2024

Me he cruzado con ojos
que horadan la pared de su presente
y enfilan un eterno viaje
a una soñada orilla.
      Un tiempo detenido
a la espera del guiño de algún faro,
señal de una verdad muy próxima:
un puerto donde anclar
definitivamente la mirada.

Me he cruzado con ojos
que giran y giran tenaces
en su feliz presente,
ruleta donde eligen cualquier número
y nunca se equivocan.
      Ninguna leve sombra,
paloma triste, pasa por sus ojos.
Siempre radiante luz.

ACOGIDA

Aprieta el niño en su pequeña mano
unos hilos que hermanan a los globos
de variados colores,
y solidariamente abre la otra
a muchos más que vuelan rezagados.

RETAZOS DE TIEMPO

...Tiempo que se adelanta al ritmo
del pespunteo de horas
y va dejando atrás instantes
vividos, como cúmulos dispersos
integrándose lentamente
en el paño total de mi existencia.

PROPÓSITO

En el camino vuelvo atrás la vista
a fin de no olvidar por donde paso.
Sin el recuerdo solo soy
impulso hacia adelante,
hacia un ciego destino
sin saber el porqué,
flecha disparada que ignora
el arco que la activa.

Decido mis paradas
y como orfebre minucioso
consigo dar el lustre a mis recuerdos,
los que conservan algún brillo
sobre otros muchos deslucidos
(para qué dedicarse a ellos
rastreando lo lúgubre).

Y miro hacia adelante
seguro de que el soy
lleva siempre consigo un fui.

EL VUELO SUICIDA

¡Aquellas golondrinas del balcón del Adarve!
Las que estamparon por primera vez
el vuelo suicida en mis ojos.
Raudas, hendiendo el aire con sus fintas,
enfilaban pronto el abismo,
y ascendían de nuevo con vigor
hacia el espacio siempre en vilo.
       Congelaban mi tiempo
los escasos centímetros
para el irremediable choque
que, perplejo, lo estaba imaginando.

En un enigmático instante,
quizá una señal invisible
paralizó su movimiento,
también su recurrente canto,
mientras un sólido silencio
se me acercaba muy despacio.

SUYAS LAS CALLES

Se comprime la noche sobre el parque.

Apenas reflejos de verdes

a la luz mortecina de farolas.

Las calles que transito son del tiempo.

Suyas desde que se crearon

con su gravilla, su cemento

y sus calientes vómitos de pastoso alquitrán.

De quién pasó por ellas

solo lo rememora un constante sigilo.

El tiempo perdura, resiste,

con rúbricas de propiedad

en aldabones veteados de óxido

de casas solariegas,

en escondidas grietas de paredes,

en maderas sin brillo

de puertas y ventanas…

Suyas las calles. Hoy, aquí,

testigo y huésped de su entorno.

EN AQUEL TIEMPO

En aquel tiempo campeaba por las emociones
el león de la *Metro Goldwyn Mayer*.
A su rugido, dejaban de crujir las butacas
y era el monótono murmullo
del celuloide el de un arroyo
que culebreaba por el silencio de la sala.
Cercano siempre, lo sentía
elevarse al fogoso beso
de Rhett Butler y Escarlata O´Hara.

Lo sentía esfumarse
al súbito galope del 7º de Caballería.
Custer, mirada al frente, erguido.
Sioux y cheyennes por el suelo.
(Gritos, aplausos).
The End

Las luces encendidas me entregaban
sin ningún miramiento
a la apagada realidad de todos los días.

Desde los altavoces de la sala,
mi farò prestare un soldino di sole
iba atemperando emociones.
Era en mi oído su animado ritmo
acompañante fiel en el trayecto a casa.

En aquel tiempo el lobo era feroz
y Caperucita, su víctima;
los indios, por siempre los malos,
y los americanos…

El PINO

Allá, por la senda del monte,
en los brazos del aire,
aquel pino crecía solitario
al verde asomo de las plantas.

Una brizna de vida, con pretensión de altura,
que en cada encuentro se medía
elevándose presto hasta mis ojos.

Hoy lo diviso solo, superando
la aridez del entorno,
alzado su mirar
al vuelo de las golondrinas,
erguido, poderoso en ascensión.

Ay, quién pudiera, afortunado pino,
progresar como tú en tierra baldía.

Ahora soy yo, decaído,
quien se mide a tu altura,
quien quisiera otear
aunque solo fuese un simple ápice
de lo que logra tu mirada.

TRAYECTO

Vogrie Country Park
(Escocia, agosto)

En sus matices verdes,
copas de gigantescos árboles
ciernen las últimas sonrisas
de este sol vespertino.
La inercia de sus ramas
dibuja umbrío túnel,
por donde un arroyuelo pasa
temeroso de entorpecer
un silencio que llega hasta su hondura.

      Y un trayecto interior se me descubre:
una sólida calma hasta mis tuétanos,
un hallarme de pronto con mí mismo
en la más primitiva desnudez.
Con mí mismo, también naturaleza.

INCESANTE SUEÑO

Si en una época buitre controlando el entorno,
hoy el castillo de Edimburgo,
abstraído en sus sueños, majestuoso,
es seducción desde rocosa cima.

      Un tiempo remoto recorre
el espacio hasta *Holyrood,*
perpetuo remolino que no encuentra salida,
que exhibe su cara en el gris de fachadas y adoquines.
Tiempo intensamente soñado
que atraviesa el umbral de talleres y tiendas,
que se roza en las plazas
con la neblina de la muerte,
ya solo humedad sobre el suelo,
los árboles, los bancos,
donde se erigía un patíbulo,
aún marcado en el aire el pendular movimiento de la soga.
Tiempo intensamente soñado
del salón palaciego.
Se interrumpen de súbito
los monótonos signos cortesanos
y un baile de vaivenes alargados
se despliega imparable.

Damas emperifolladas, en las mesas circundantes,

descifrando el lenguaje de abanicos,

y de extremo a extremo miradas

furtivas que ocultan traiciones.

Tiempo intensamente soñado

que se esconde en la niebla de la tarde,

y de las galerías subterráneas

suben al exterior

silentes procesiones de fantasmas

que deambulan por las calles.

Imanes las desnudas gargantas que atraen cuchillos.

La noche, sonámbula, se pierde tras el mágico son de

[oculta gaita.

Va bordando el amanecer tenues cenefas de claridad.

Las agudas agujas

de iglesias y edificios amenazan al cielo

en su obstinado objetivo de pinchar el globo del sueño,

de actualizar el tiempo, el ritmo,

que impone la *New Town*.

Y seducen las nuevas ilusiones,

y los verdes parques alargando su dimensión,

y el murmullo del *Forth* en cercanía a su descanso.

ESTACIÓN ABANDONADA

¿Y de aquella estación abandonada,
qué quedó?

Un reloj sobre la fachada,
enmohecido, sin marcar la hora,
extraviado en su tiempo,
que tan solo refleja el profundo vacío
en las entrañas del terreno.
　　　Un banco de madera
desvencijado, confidente
de penas y esperanzas.
　　　Raíles escapando en longitud
por entre jaramagos como flechas
sin destino.
　　　Misteriosas siluetas de viajeros
—dicen— sobre el andén.

Y pavorosa soledad impregnando todo el valle.

POR EL SENDERO

Esta luz otoñal,
entre frágiles restos de neblina,
sobrepasa las resistencias.

    Me pesa pasar el sendero
pisando sus hojas doradas
y lo bordeo casi de puntillas.

    Cristales se me incrustan en el alma
si mis pies estoquean
algunas de sus hojas.
Crujen como un desgarro que termina
con su postrer aliento.

Leal aceptación de un cometido:
sumisas, desasirse de sus ramas
y, en la tierra muy juntas,
áurea alfombra a la mañana.

NUESTROS BESOS

Lápiz rojo tus labios
que gozan con pintarme las mejillas,
praderas de amapolas
que al ocaso declinan.
        Neutros los míos en tu frente posan
una sutil emanación de ensueños.

Y acaloradamente
discuten nuestros besos.
—Tu brillantez, efímera.
—Y tu pose, invisible.
—Tu…

Y buscamos la paz
en recíprocos besos.

PLAZUELA DE LA ALEGRÍA

A India, nuestra nieta,
en el albor de su infancia.
(Mayo de 2024)

Visitada plazuela
sin mota de pesar.
Plazuela de la alegría.

—Abuelo, tú aquí sentado, ¿vale?
Cervatilla de raudo trote
seguida por la abuela.
          Los árboles olvidan la ascensión
inclinando sus ramas
a la tierna risa infantil,
esos agudos timbres
como brindis de copas.

Plazuela de la alegría,
donde pesan menos los años
al brote de la vida.

QUERENCIAS

Mis recuerdos me traen las querencias
de los días sufridos en el ruedo,
de plaza ya en olvido,
que me daban firmeza ante la sombra
del brazo con la puya.

       Brisa que llega dulcemente.
Y me inflaman el corazón
aquellas ventanas abiertas
de par en par al ritmo mayestático
del río siguiendo su rumbo.
El cristal de las risas
que crujía en las bocas.
El dinámico vuelo del balón,
imán de las miradas.
El silencio, paloma fatigada,
posándose en pasillos… Y la luna,
paso a paso, hasta nuestras camas.

DESVELO

Distantes hoy los brazos de Morfeo,
mis ojos escudriñan el cielo de sus noches.
Al capricho de un tiempo serpeante,
pasan copiosas nubes
henchidas de antiguos afanes,
de múltiples afectos.
Abigarrado puzle
de calles conocidas,
de recónditos bares resistiendo el olvido,
de impertérritos relojes en plazas desconocidas,
de adioses en su altura de montañas,
que por siempre se quedan…
      Y me viene de pronto
tu obsesivo «tengo
a veces preguntas de niño»,
absorto ante la reverente
ondulación de los trigales
—fichas de dominó
en su rítmico movimiento
hasta el final desplome—.

Sí, lo recuerdo, te preguntas

«a quién va dirigida tanta veneración»,

y «por qué no desiste el mar

si no se le responde

a sus insistentes murmullos»,

en la playa, de pie,

aproximándose de frente.

VIENE DE LEJOS LA MAÑANA

Viene de lejos la mañana,
caracol a su paso lento.
En la farola, árbol preferido,
la inmutable gaviota
—quizás la de ayer, la de siempre—
observando la misma escena diaria:
la terraza del bar en orden,
los clientes, que toman asiento
—quizás los de ayer, los de siempre—.
  A mis espaldas, el rumor del mar
pidiéndome horas de contemplación,
ser inamovible gaviota
ante la que deshilvanar
de prisa, al ritmo de sus olas,
los más fabulosos sucesos.

No, no quiero diluirme
subido siempre al mismo árbol,
esperaré que llegue la mañana,
radiante, y salir al camino,
ser un latido más
que retumba sobre el asfalto.

TÚ Y YO

Caminemos tú y yo por nuestra orilla
cribando los silencios que nos lleguen.
Cuidado con aquellos
que con facilidad se interiorizan
y anidan soledades
—sentimientos fosilizados
en colonias dispersas—.

      Alberguemos tú y yo solo silencios
que aún no han culminado,
que engastan valiosos susurros
—destellos de energía en fértil
campo de posidonias,
equilibrio y pulmón de la existencia—.

ÍNDICE